BIOGRAPHIE

DE

GUILLAUME D'ARNAULD DE VITROLLES

PIEUSEMENT DÉCÉDÉ

dans la Maison de santé des Frères de Saint-Jean-de-Dieu

à Saint-Louis, près de Marseille

le 28 Février 1886

A L'AGE DE 15 ANS ET DEMI

MARSEILLE

IMPRIMERIE MARSEILLAISE

Rue Sainte, 39

—

1887

BIOGRAPHIE

DE

GUILLAUME D'ARNAULD DE VITROLLES

PIEUSEMENT DÉCÉDÉ

dans la Maison de santé des Frères de Saint-Jean-de-Dieu

à Saint-Louis, près de Marseille

le 28 Février 1886

A L'AGE DE 15 ANS ET DEMI

MARSEILLE

IMPRIMERIE MARSEILLAISE
Rue Sainte, 39

—

1887

DÉDICACE

à *Madame la Comtesse de Turenne*

Madame la Comtesse,

Plusieurs de ceux qui ont eu le bonheur de connaître la vie et la mort de Guillaume de Vitrolles, ont pensé que ce serait donner une grande édification aux personnes pieuses que de leur offrir le récit touchant d'une si jeune et si admirable vertu. Voilà pourquoi j'ai composé cette biographie.

Je ne pouvais la mieux dédier qu'à vous, Madame la Comtesse.

Vous avez été l'ange qui a conduit, comme par la main, cet enfant dans la maison où il devait rendre si saintement le dernier soupir ; vous l'avez depuis soutenu par vos pieux conseils et vos sages leçons ; vous avez consolé ses derniers jours en lui redonnant quelque chose de cette grande affection qu'il venait de perdre, et, c'est vers vous, Madame, que son regard mourant se retournait pour épancher ses dernières inquiétudes dans un touchant élan d'amour fraternel dont vous seule et les siens devez posséder le secret.

Puissent ces pages, inspirées par le cœur de l'ami qui a soigné les dernières douleurs de Guillaume et où se retrouvent, en traits véritablement héroïques chez un frêle et maladif enfant, les luttes et le triomphe définitif de la grâce sur la nature, être spécialement pour vous, Madame la Comtesse, un encouragement à toutes les délicatesses de la charité chrétienne et une douce récompense, présage de cette autre toute céleste que Dieu vous réserve dans l'éternité.

C'est avec cette espérance et dans les sentiments du plus profond respect que j'ai l'honneur d'être,

Madame la Comtesse,

Votre très humble serviteur en Notre-Seigneur.

FRÈRE C***

Hospitalier de Saint-Jean-de-Dieu.

En la fête de la Visitation de la Très-Sainte-Vierge, 2 février 1887.

BIOGRAPHIE

DE

GUILLAUME D'ARNAULD DE VITROLLES

I

Naissance de Guillaume. — Sa famille

Guillaume Yvon d'Arnauld de Vitrolles naquit au château de Vitrolles (Hautes-Alpes), le 17 août 1870.

Sa mère ne put le nourrir, et bientôt elle vit la santé de son enfant s'affaiblir jusqu'à lui inspirer des craintes pour sa vie. Par ses soins maternels, elle conjura le danger ; mais le mauvais lait que Guillaume avait pris lui laissa un germe qui devait devenir plus tard une maladie mortelle.

Son père, entraîné par son patriotisme, avait alors repris volontairement l'épée pour repousser l'invasion prusienne. Ce fut dans l'exercice de son commandement, à la tête des mobiles de son département, que M. le comte de Vitrolles apprit la naissance de son fils.

La famille d'Arnauld de Vitrolles est une des plus anciennes de la Provence. En 1195, on voit un Bertrand Arnauld parmi les gentilshommes qui assistèrent comme témoins à l'hommage rendu au comte de Toulouse par Guillaume, comte de Forcalquier.

Sous Henri IV, les d'Arnauld de Nibles obtinrent une charge au Parlement de Provence ; et, en 1752, Alphonse d'Arnauld échangea sa seigneurie de Nibles contre celle de Vitrolles dont il prit le nom. Mais, sans contredit, le plus illustre membre de cette famille fut le célèbre Eugène d'Arnauld baron de Vitrolles, principal auteur de la Restauration et ami personnel de Charles X. Il fut ministre d'Etat des rois Louis XVIII et Charles X et

créé pair de France et comte : il ne prit pas ce dernier titre
qu'il laissa à son fils aîné.

M. le comte de Vitrolles, chef actuel de la famille et père
de Guillaume, était, par sa mère, petit-fils du marquis d'Arbaud-
Jonques, d'une ancienne famille parlementaire de la Provence
et dernier préfet de Charles X, à Marseille.

Du côté maternel, Guillaume descend de ces fidèles de
Maussion-Montgonbert, dont l'un partagea volontairement la
captivité de François 1ᵉʳ en Espagne. Madame la comtesse de
Maussion actuelle, grand'mère de Guillaume, est une petite-
fille du comte de Choiseul-Gouffier, célèbre ambassadeur de
Louis XVI à Constantinople, qui passa en Russie pendant la
Révolution de 1793 et s'y maria à une princesse Galitzin.

II

Enfance de Guillaume. — Le Collège

Né avec un caractère violent, Guillaume ne souffrait aucune
résistance à ses caprices, et la plus petite opposition à ses dé-
sirs le faisait tomber dans des accès de colère qui alarmèrent
souvent sa pieuse mère. En se rappelant cette première partie
de son enfance, Guillaume s'attristait et remerciait Dieu d'avoir
préservé les derniers jours de sa vie des craintes que l'on avait
conçues pour son âge mûr.

A 6 ans, il quitta le château de Vitrolles pour habiter avec
sa famille, soit Marseille, soit le château de Chirol dans l'Ar-
dèche, que venait de lui léguer le baron de Vitrolles, son oncle
et parrain.

Quoique bien jeune et malgré son court passage à Vitrolles,
Guillaume y laissa des traces. Le jour de ses funérailles, les
paysans de la vallée se rappelaient ce bel enfant aux boucles
blondes, au cœur aimant, aux manières déjà dignes et affables,
qui se faisait tout à la fois aimer et respecter d'eux. Il les avait
charmés par la vivacité précoce de son intelligence, par son

aimable conversation qui voulait tout savoir, tout comprendre. Il ne dédaignait pas de prendre place à leur table, de goûter à leurs mets et ne se retirait qu'en les laissant ravis autant de son cœur que de son esprit naissant.

Guillaume eut pour premier maître dans les rudiments de la langue française et les leçons si importantes de la religion, sa sainte mère. Mme la comtesse de Vitrolles était bien la femme forte dont la Sainte-Ecriture nous trace le portrait, et l'on peut, avec toute vérité, lui appliquer ces paroles de Salomon : « Elle a ouvert sa main à l'indigent, elle a étendu son bras vers le pauvre. Elle a considéré les sentiers de sa maison et elle n'a point mangé son pain dans l'oisiveté. » Les exemples chrétiens que Mme de Vitrolles donnait à son fils et dont elle soutenait ses leçons, n'eurent pas d'abord les fruits qu'elle en espérait. Guillaume était toujours l'enfant irascible et volontaire. On se décida à l'envoyer au collège, et sa mère voulut que ce fût à Avignon, chez les Pères Jésuites, dont elle appréciait hautement la forte éducation.

La vie d'écolier sembla rude à Guillaume qui, malgré des aptitudes naturelles très remarquables, resta dans ses études au-dessous de lui-même. Cependant il était aimé de ses maîtres et de ses condisciples. Sa parole facile, ses charmes de conteur, attiraient autour de lui de nombreux amis. Dans ses discours, comme dans le choix de ses camarades, il évitait tout ce qui aurait pu ternir la pureté de son cœur, et, plus tard, malade et étendu sur son lit, il veillait avec soin que ses jeunes frères n'entendissent rien de mauvais et qu'aucun livre dangereux ne tombât entre leurs mains. Si Guillaume était aimé de ses camarades, il savait lui aussi leur témoigner son amitié en les visitant souvent à l'infirmerie pendant leur maladie.

La piété que Mme de Vitrolles avait déposée dans le cœur de son fils comme un germe tendre et délicat et dont elle avait confié la culture aux soins pieux et vigilants des Pères Jésuites, se développait par une croissance rapide ; mais ce travail secret et tout intérieur nous serait resté caché si Guillaume lui-même ne nous l'eût découvert.

« J'avais, nous disait-il, une dévotion spéciale envers la

Sainte Vierge ; j'appartenais à sa Congrégation, mais je n'ai pas eu le bonheur de faire mon acte de consécration : la maladie m'a fait sortir du collège avant la fin de ma probation. J'en ai toujours regret, car je ne puis pas dire que je suis enfant de Marie. J'ai fait ma première communion avec piété, j'étais recueilli et je goûtais une joie intérieure dont le souvenir me touche encore. Quand maman vint m'embrasser au parloir, je voulais me jeter à ses pieds pour lui demander sa bénédiction, mais la honte de m'agenouiller devant la foule de parents qui étaient présents, me retint et je restai debout. Je me suis souvent reproché cette faiblesse. Depuis ma première communion je n'ai pas manqué à ma promesse de réciter tous les jours deux dizaines de chapelet. »

C'est ainsi que la grâce commençait à pénétrer son cœur. Sans doute, c'était toujours la même nature, au sol souvent inégal ; mais dans un petit coin, à côté de certaines ronces, la terre s'était humectée et ouverte, la piété comme une belle petite plante en sortait, chaque jour elle se fortifiait, et bientôt nous la verrons porter de belles fleurs, puis donner son fruit que le bon Dieu, mais hélas ! trop tôt pour notre affection, devait aussitôt cueillir. En effet, la croix allait toucher Guillaume et le marquer de son sceau pour le ciel, comme un élu bien-aimé de Dieu.

Il avait à peine 13 ans et déjà un mal, dont les médecins ne découvrirent pas de suite la nature, l'avait saisi dans son étreinte et le contraignait peu après à quitter le collège.

———

III

Maladie de Guillaume avant la mort de sa mère

Madame de Vitrolles était au château de Boisvert, près de Marseille, lorsqu'elle reçut de plus graves nouvelles de la santé de son fils. Elle s'empressa de le ramener auprès d'elle, espérant que ses soins et le grand air auraient promptement raison du mal. Guillaume se plaignait d'une douleur au genou qui,

d'abord intermittente, était devenue continue. Les médecins
la jugèrent rhumatismale et conseillèrent des frictions et la
marche pour déplacer la douleur. Erreur funeste ! Mme de
Vitrolles tout entière à la prescription médicale, s'applique
chaque jour à frictionner son fils et à l'aider de son bras pour
soutenir sa marche dans les allées du parc. Chaque pas déter-
mine une violente douleur, le pauvre enfant pleure et sa mère
l'encourage et le console par l'espoir d'une guérison prochaine.
Enfin, après quinze jours de cet exercice, Mme de Vitrolles
reconnaît avec terreur que la jambe de son fils s'est allongée.
Elle renferme dans son cœur ce secret douloureux et demande
aussitôt une nouvelle consultation.

Cette fois la méprise n'est plus possible. Le déboîtement du
fémur et l'allongement de la jambe sont un diagnostic certain
qui éclaire les médecins : ils reconnaissent la coxalgie. C'était
la claudication pour la vie, et encore fallait-il savoir si l'on
parviendrait à sauver les jours de l'enfant. Mon Dieu ! quelle
douleur pour cette pauvre mère qui, égarée dans ses devoirs
par les prescriptions de la science, les a remplies avec une
scrupuleuse fidélité, et a augmenté et rendu incurable en son
fils le mal qu'elle voulait conjurer !

Ici commence pour la mère et l'enfant la voie douloureuse
que désormais ils parcourront ensemble, sans la plus quitter,
jusqu'au sommet du calvaire où tous deux, purifiés par la
souffrance, remettront leurs âmes entre les mains de leur Père
qui est au ciel.

Sur l'ordre des médecins, on immobilise Guillaume dans
une gouttière. Ce n'était pas facile de faire accepter à cet enfant
une vie si contraire à sa nature et de lui faire prendre chré-
tiennement une infirmité qui s'attachait à son existence et
brisait toutes ses espérances d'avenir.

Ce fut cependant la tâche que Mme de Vitrolles s'imposa. Mais,
il faut bien le dire pour la consolation d'autres mères aussi
malheureuses, Dieu ne lui accorda pas ici-bas le bonheur
qu'elle allait si bien mériter, de goûter le fruit de ses travaux.
Guillaume, aigri par la douleur, brisé au printemps de sa vie
comme un frêle roseau, déçu dans ses rêves brillants de jeu-
nesse, Guillaume, dis-je, résista aux nobles inspirations chré-

tiennes de sa mère, à ses héroïques exemples de dévouement, et donna à toute sa maison le triste spectacle d'un cœur qui rejette en frémissant les ordres sacrés de Dieu et s'en prend à tous des clous qui le fixent à la croix. O vous qui lisez, ne soyez pas trop sévères contre cet enfant de treize ans, car bientôt vous le verrez se purifier dans ses larmes, et il vous étonnera plus par son repentir que par sa faute.

Mise en face de ces difficultés, Mme de Vitrolles ne se rebuta pas. Elle retrempa son courage dans une prière plus fréquente et plus fervente, et demanda à la méditation des souffrances de la Passion de Notre-Seigneur la grâce de la persévérance. Soutenue et fortifiée par les exemples de notre divin Sauveur, elle s'applique chaque jour à mieux remplir tous ses devoirs de mère. Assise au pied du lit de son fils, elle le distrait par des lectures choisies, par d'innocentes récréations ; elle veille avec lui jusqu'au moment où il s'endort. Pour lui, elle reprend le piano qu'elle avait délaissé pour se consacrer plus exclusivement aux devoirs de sa nombreuse maternité. Son mari, ses domestiques eux-mêmes, se plaignent de sa vie retirée et laborieuse ; elle ne se laisse détourner par aucune objection et devient de plus en plus, à l'exemple de Marie qui s'est proclamée la servante de Dieu, la servante de son fils pour l'amour de son Dieu.

Oh ! exemple admirable que trop de mères n'ont plus, de nos jours, la force d'imiter.

Un tel dévouement ne pouvait, semble-t-il, laisser Guillaume indifférent. En effet, il était trop intelligent pour ne pas le comprendre. Mais le bon Dieu, qui voulait dans des desseins dont nous ne pénétrons pas toujours la sagesse, que cette mère héroïque enfantât son fils à la grâce, au milieu de ses douleurs, comme elle l'avait enfanté à la vie, permit que Guillaume, qui était touché, ainsi qu'il nous l'a dit, parût indifférent dans la crainte peu réfléchie qu'en révélant son émotion, il ne diminuât le dévouement de sa mère, dont il sentait un plus grand besoin à mesure que son état s'aggravait.

On était dans l'année 1884. Le choléra sévissait à Marseille et aux environs. Les villes d'Arles et de Salon, auprès desquelles se trouve Boisvert, venaient d'être atteintes. M. le comte de

Vitrolles, pesant sa responsabilité de chef de famille, voulut mettre les siens à l'abri du danger et décida qu'on se retirerait à Vitrolles. Mme la comtesse essaya de faire prévaloir ses conseils de foi, mais devant la volonté nettement formulée de son mari, elle se soumit. Restait à faire les préparatifs du départ, et ce n'était pas peu puisqu'il fallait emmener un enfant étendu et immobilisé dans un appareil. Mais laissons la parole à Guillaume : « Papa, dit-il, était parti avant nous pour mettre en état de nous recevoir le château de Vitrolles que nous n'avions pas habité depuis plusieurs années. Maman restait seule chargée du départ; elle l'organisa avec cette activité douce et prévoyante, cet ordre dans les détails, qu'elle apportait en toute chose. Ce travail la fatigua outre mesure, et elle fut prise d'un rhume violent accompagné de suffocations et de fièvre ardente. Au lieu de se reposer, elle ne pensa qu'aux inconvénients de me laisser quelques jours de plus dans une maison déménagée et à papa qui l'attendait et, se sacrifiant pour nous, elle se décida au départ. Le soir elle chercha du soulagement en s'appliquant un large vésicatoire sur la poitrine, et nous partîmes. Le voyage fut rendu pénible par plusieurs accidents qui donnèrent de vives inquiétudes à ma pauvre maman. Mais, ni pendant le trajet, ni au milieu de ses embarras, ma mère ne dit une parole, ne fît un mouvement, qui trahit la douleur qu'elle ressentait. J'aurais dû la consoler en l'attirant sur mon cœur, en la pressant dans mes bras ; mais l'égoïsme me dominait. Oh! mon Dieu, mon Dieu, que je fus coupable ! »

Arrivée à Vitrolles, Mme la Comtesse y trouva, mêlées à ses amertumes, quelques douces consolations pour son cœur, les meilleures, celles que préfère un caractère chrétien comme le sien. En effet, le château admirablement situé dans une large vallée des Alpes, que parcourt impétueusement la Durance et que dominent de hautes montagnes, dont l'arrière-plan est presque constamment couvert de neige, n'apparaissait pas seulement à l'âme poétique de la comtesse comme un site charmant, il lui rappelait surtout le souvenir d'une grande vertu.

Amélie de Vitrolles, tante de son mari, y avait vécu de longues années. Dans la petite église du village, une dalle recouvre ses restes mortels, et on y lit ces mots, gravés avec la permission de l'Evêque : « Morte en odeur de sainteté, le 23 août 1829, à l'âge de 29 ans. »

Dans une chapelle latérale, les yeux s'arrêtent sur un grand tableau perpétuant le souvenir d'un miracle attribué à son intercession. Mais le plus beau miracle opéré par ses vertus est, sans contredit, la foi chrétienne qui s'est conservée pure et intacte parmi la population de ce petit coin de terre privilégié, selon la promesse que la sainte en avait faite en mourant. Le château a gardé fidèlement dans le même état la chambre qu'habita celle que la voix populaire appelle « la sainte Comtesse. » En reprenant la place de son illustre tante, Mᵐᵉ de Vitrolles voulut aussi en renouveler les beaux exemples. Tout le temps qu'elle n'employait pas auprès de Guillaume, elle le consacrait à la prière et à la visite des pauvres ; et Guillaume nous racontait un jour, avec émotion, que sa pieuse mère ayant découvert dans une misérable chaumière deux petites filles, ignorantes de tous devoirs, rongées de vermine, elle les prit dans une pièce séparée du château et, répétant la sublime charité de sainte Elisabeth de Hongrie, passa près de trois heures à les dépouiller, à les décrasser et à les habiller, tandis que ses domestiques, elles-mêmes, n'osaient approcher d'une misère si repoussante ; et, mettant le couronnement à sa bonne œuvre, elle leur enseigna le catéchisme, chaque jour, pendant plusieurs mois. Aussi, la population de Vitrolles considérait-elle la comtesse comme la mère commune de tous les malheureux.

Mais le bonheur en ce monde est de courte durée. Dieu le place sur le chemin de la vie comme des haltes plus ou moins éloignées qui offrent au voyageur un lieu de repos où il prend de nouvelles forces pour achever sa course. Ainsi fut-il de ce séjour pour Mᵐᵉ de Vitrolles.

La période épidémique étant passée, on revint à Marseille, où, hélas ! un triste événement allait changer l'état des choses. Cette étape devait être la dernière de la vie de la pieuse comtesse ; elle la parcourut en rétrécissant encore le cercle de ses austères devoirs. Elle renonça à toute relation avec le monde, où sa beauté, son intelligence, ses rares qualités et sa

bonté, lui assuraient une place distinguée. Tous les matins
elle entendait la messe, faisait sa méditation ; et dans la journée, elle examinait sa conscience et notait ses fautes. Le reste
de son temps, elle l'employait à gouverner sa maison et à
instruire ses enfants en bas âge. Mais le Benjamin de son cœur
était toujours le pauvre petit étendu sur son lit de douleur.
Pour lui sauver la vie, elle eut un jour la pensée de se couvrir
d'un cilice ; mais un vénérable ecclésiastique à qui elle s'en
ouvrit, le lui défendit.

Guillaume lui donnait, cependant, quelques consolations.
Si son caractère restait exigeant et volontaire, son cœur se
fondait peu à peu dans celui de sa mère ; et plusieurs fois, par
ses charmantes manières et ses caresses, il répandit comme un
baume bienfaisant sur les douleurs de sa chère maman. Il
aimait se rappeler ces paroles qu'elle lui avait répétées : « Guillaume tu es mon bien-aimé parce que tu souffres et que nous
avons souffert ensemble. »

Enfin, l'heure du sacrifice suprème allait sonner pour Mᵐᵉ de
Vitrolles. D'autant plus dure pour elle-même qu'elle était tendre pour les autres, elle cachait soigneusement ses souffrances
à sa famille qui les connut à peine ; et le jour où, pour la première fois, elle accepta une consultation sérieuse, le médecin
prononça un arrêt fatal.

Peu après, le 18 mars 1885, Marie-Barbe-Jeanne Roberte de
Maussion-Montgonbert, Comtesse de Vitrolles, chargée de
mérites, mais jetant un dernier et douloureux regard sur ses
enfants qu'elle laissait, rendait saintement son âme à Dieu. Elle
était âgée de 39 ans.

Ses domestiques, chose rare à notre époque, s'attachaient à
son service et lui donnèrent plus d'une fois des marques de
leur estime et de leur affection. Mais la plus belle manifesta-
tion de vénération et d'amour qu'elle reçut ici-bas, fut décernée
à ses restes mortels par ses chers habitants de Vitrolles, qui
gardent son tombeau. Pas un homme, pas une femme, pas un
enfant, ne manqua à ses funérailles. Pendant la messe, l'église
se remplit de pleurs et de sanglots ; et le nouveau curé, installé
depuis quelques semaines seulement, nous racontait que,
gagné lui-même par l'émotion de ses paroissiens, il ne put

retenir ses larmes au milieu du saint sacrifice, bien qu'il ne connût autrement la défunte que par la douleur générale dont il était le témoin.

En finissant, nous déposerons sur cette tombe qui se ferme et au nom des pauvres honteux, cette humble et dernière petite fleur : « Sa parole douce consola les affligés ; et sa charité, cette reine des vertus, fut discrète et délicate. »

IV

Maladie de Guillaume après la mort de sa mère

Jésus, notre divin Sauveur, en faisant de sa croix la source d'où jaillit la grâce pour le salut de nos âmes, a voulu souvent depuis, pour l'exaltation et la glorification de notre nature, fixer avec lui sur sa croix des hommes héroïques dont il destine la sainteté à devenir le canal, l'écoulement naturel de ses grâces sur d'autres âmes dont il recherche le salut. Voilà pourquoi Mme de Vitrolles, attachée sur la croix avec Jésus une partie de sa vie, résignée comme lui à toutes les épreuves de la volonté de Dieu son Père, répétant par la plénitude de ses bonnes œuvres le *consummatum est* du Sauveur mourant, expirant elle aussi sur sa croix avec lui, et entrant par lui glorieuse au ciel, Mme de Vitrolles, dis-je, avait mérité de goûter, au sein des éternelles récompenses, la joie céleste et ineffable de devenir entre les mains de Jésus le canal mystérieux de la grâce, qui allait écouler ses eaux pour opérer le salut de son fils. En effet, nous allons voir le souvenir de cette pieuse mère tomber goutte à goutte comme une rosée salutaire sur l'âme de son enfant, la détremper, la vivifier et lui faire porter des fruits de vie éternelle.

Guillaume, ainsi qu'il nous l'a dit, avait été comme étourdi par le coup qui venait de le frapper. Il resta plusieurs jours sans sentir, sans comprendre. Mais la triste réalité ne tarda pas à lui apparaître couverte de ses crêpes funèbres; Guillaume

perdit l'appétit, la gaieté et le sommeil. Un voile de tristesse
s'étendit sur lui comme un froid linceul, et l'on crut voir chaque jour la dalle fermée sur sa mère se rouvrir de nouveau
pour retomber lourdement sur le pauvre enfant.

M. le comte de Vitrolles, atterré par le double malheur qui
le menaçait, se dit que les soins dévoués et affectueux de la religion pourraient seuls ranimer cette petite plante, dont la tige
flétrie s'inclinait vers la terre. Cette pensée l'amena à demander aux Frères de Saint-Jean-de-Dieu qui possédaient alors (1)
près de la ville, au bord de la mer, un établissement exclusivement affecté aux enfants malades, d'admettre son fils.
Guillaume y entra le 6 mai 1885, un mois et demi après la
mort de sa mère.

Le nom des de Vitrolles n'était pas inconnu aux religieux qui
le recevaient. En 1827, quelques hommes d'élite animés de
cette foi qui transporte les montagnes, relevaient de ses ruines
l'Ordre de Saint-Jean-de-Dieu, détruit en France par la révolution de 1793. Il arriva que les ressources leur manquèrent
et qu'ils ne purent solder leurs créanciers qui les menacèrent
d'une saisie générale. Dans cette extrémité, ils recoururent à
Dieu, qui habille le lis des champs et donne sa nourriture au
passereau. Pour mieux s'assurer la protection divine, ils solli-
citèrent la puissante intervention de Marie, la consolatrice des
affligés ; et, d'une commune voix, l'élurent Supérieure générale.
Les pièces authentiques de son élection furent déposées au
pied de sa statue, la veille du jour où la saisie devait avoir
lieu. Le matin même de ce jour, le Supérieur des Frères
reçut une lettre ainsi adressée : « A Madame la Supérieure
générale de la communauté de Saint-Jean-de-Dieu. » C'était la
réponse de Marie à son élection. Je suis ici, se dit le vénérable
supérieur, le vicaire de Marie, j'ai donc le droit d'ouvrir sa
correspondance. Il brise l'enveloppe, et ses yeux humides de
larmes trouvent une somme de dix mille francs qui solde la
créance et arrête la saisie. L'une des deux insignes bienfaitri-
ces, dont Marie avait emprunté la main, était la comtesse
Amélie de Vitrolles, la sainte dont nous avons déjà parlé.

____

(1) Cet établissement a été vendu depuis.

Ainsi Dieu allait justifier une fois de plus cette parole de nos saints Livres : « Je bénirai les bienfaits du père sur les enfants jusqu'à la millième génération. » Et Guillaume recueilli dans la barque sauvée du naufrage par la générosité de sa tante, allait être conduit au port, non d'une vie temporelle, mais au port plus sûr du salut éternel.

Le religieux, chargé par son supérieur de devenir pour Guillaume une seconde mère, se promit d'acquitter envers lui la dette contractée par son Ordre : il lui donna plus que des soins, il lui offrit son cœur. Guillaume ne tarda pas à le comprendre et à donner sa confiance au frère. Dans ses conversations de chaque jour, il parlait de sa mère et racontait ses vertus. Le religieux écoutait et ne craignait pas de laisser tomber à l'occasion un blâme discret sur l'enfant qui avait comprimé les élans d'un cœur naturellement bon et laissé grandir ses défauts sans les jamais combattre. Quelques jours s'écoulèrent dans ces confidences, pendant lesquels la voix de Guillaume tremblait parfois ; il s'arrêtait au milieu d'un récit et sa figure se gonflait et rougissait comme de remords. Tout à coup, pendant une soirée, un cri s'échappe de ses lèvres, un ruisseau de larmes couvre ses yeux et étouffe sa voix : « Mon Dieu, pardon ! »

A l'exemple de Madeleine, il lavait ses fautes dans ses larmes. Mais la grâce de Dieu passait en ce moment, et le religieux qui suivait sa marche d'un œil attentif, voulait qu'elle pénétrât plus avant. — « Oui, Guillaume, lui dit-il, portez votre repentir aux pieds de Dieu; il y a des larmes qui purifient et qui réhabilitent. Vous êtes trop jeune pour l'avoir gravement offensé, mais si petites que soient vos fautes, elles sont trop grandes envers ce Dieu si bon qui, dès votre plus tendre enfance, vous a comme environné et comme pénétré de son amour. Il vous avait donné une mère admirable, et la mère est, ici bas, la plus belle incarnation de la bonté divine. » Le pauvre enfant ne peut se contenir ; un nouveau cri s'échappe, plein cette fois d'une angoisse déchirante : « Ma mère, oh ! ma mère, pardon, pardon ! »

L'heureux religieux qui assiste à un tel spectacle est ému et mêlant ses larmes à celles de l'enfant, lui dit : « Laissez,

Guillaume, laissez couler vos larmes ; les anges les reçoivent
sur leurs ailes ; ils les portent non seulement à Dieu, mais à
votre mère. Elle voit votre repentir, elle entend vos soupirs,
elle est témoin de votre douleur. Aujourd'hui vous réparez
le passé et vous consolez plus celle qui vous a tant aimé que
vous ne l'avez jamais désolée. » — « Quoi, reprit-il, ma mère
me voit, ma mère m'entend, je puis lui demander pardon ?
Oh ! laissez-moi le lui dire encore : Pardon, ma mère ! » La
nuit vint. Le pauvre enfant la passa le cœur soulagé d'un
poids immense. Cependant le rayon de la grâce qui venait de
l'éclairer n'avait pas encore dissipé toutes les ombres. Le lendemain matin, il me dit : « Est-ce bien vrai ce que vous me
disiez hier soir, maman me voit, maman m'entend, elle sait que
je me repens ? — Oui, Guillaume, Dieu doit le permettre ainsi
pour la récompense de votre mère et aussi pour votre consolation, parce que vous avez été fidèle à recevoir la grâce de
Dieu hier soir. — Frère, répétez-moi ces paroles, elles me font
du bien. » Et ses larmes revinrent. Pendant toute la matinée, il
s'entretint avec sa chère morte ; je l'entendis plusieurs fois qui
disait à mi-voix : « Ma mère, je t'aime, oh ! pardon ! » Cette
impression de la grâce dura plusieurs jours.

« Oh ! me disait Guillaume, dans ce temps-là, je rachèterai
mon passé, je deviendrai bon pour l'amour de ma mère. » Et plus
tard, lorsque la grâce avait déjà jeté des racines dans son cœur
et germé des vertus : « Qu'il fait bon vivre avec ses morts, les
sentir à côté de soi, leur causer. Qu'elle est belle, qu'elle est
consolante notre religion ! Non, si je n'avais pas goûté de
telles choses, je n'y croirais pas ! »

Ce flot de grâces, qui venait de baigner l'âme de cet enfant,
ne devait pas passer sans laisser de trace, comme une eau qui
coule sur une terre desséchée. Déjà il s'écriait comme saint
Paul : « Seigneur, que voulez-vous que je fasse ? » Et dans son
ignorance, dans son aveuglement des choses du salut, il disait
aux hommes comme à d'autres Ananies : « Apprenez-moi à
devenir bon, à bien prier, à me corriger. »

Ce n'était pas un petit travail pour cet enfant que d'entre-
prendre le défrichement de son cœur. Les mauvaises herbes
qui absorbaient la bonne sève du sol, n'étaient pas sans doute

tellement enracinées qu'il fallût un effort violent pour les
arracher, mais elles étaient répandues partout, comme chez
un enfant qui a grandi sans jamais trouver de barrière à l'entraînement de ses caprices. De plus, Guillaume, avec son intelligence qui pénétrait très avant en toute chose et y discernait
mieux qu'aucun enfant de son âge le bien et le mal, avec cette
volonté qui lui faisait serrer comme dans un étau de fer tout
ce qu'il embrassait, Guillaume, dis-je, ne pouvait pas se conten-
ter d'un travail fait à demi. Il lui fallait un sarclage complet, qui
nettoyât parfaitement le terrain où il se disposait à semer les
vertus dont il devait faire monter le parfum jusqu'au trône de
Dieu.

Ayant donc appris que l'homme se lève en vain de bonne
heure et porte inutilement le poids du jour et de la chaleur si
Dieu ne vient à son secours, il commença à l'invoquer par une
prière plus attentive, plus pieuse. C'était merveille de le voir
sur son petit lit, les paupières abaissées ou les yeux fixés sur
une image de Marie, les mains jointes, tout son petit corps
dans l'attitude du recueillement et payant à Dieu son tribut de
louange, de reconnaissance et d'amour.

D'abord il n'augmenta pas sensiblement ses prières, il s'appliqua simplement à les mieux faire. La première fois qu'il
se confessa, M. l'aumônier s'offrit à lui apporter la sainte Eu-
charistie le lendemain. « Quoi ! dans mon lit, s'écria-t-il, mais
je ne suis pas à la mort ; c'est effrayant de recevoir le bon Dieu
dans son lit ! » M. l'aumônier dut le rassurer et lui différer
cette grande consolation. Plus tard, Guillaume mieux éclairé
riait de sa terreur et disait : « Quelle singulière idée on se fait
dans le monde de la visite du bon Dieu ; on croit qu'il apporte
la mort quand il n'apporte que la vie. » Tous les matins, il
faisait à Dieu l'offrande de sa journée pour en sanctifier toutes
les actions et toutes les souffrances. Ses oraisons jaculatoires
étaient fréquentes, et celle qu'il préférait le plus était celle-ci :
« O Jésus, doux et humble de cœur, rendez mon cœur semblable
au vôtre, » parce qu'il y trouvait comme un remède aux défauts
contraires qu'il voyait en lui. Chaque jour il récitait son chapelet, ainsi que de belles invocations qu'il avait composées
lui-même pour appeler les bénédictions de Dieu sur sa fa-

mille. Elles n'avaient qu'un tort celui d'être trop longues.
Impatienté un matin d'en attendre la fin pour commencer son
pansement, je lui dis : « Vous me réciterez ces litanies, c'est
un *Kyrie* sans fin, il faut les abréger. » Il le fit de bonne grâce.
Je trouvai ces prières empreintes d'une piété si prévoyante et
embrassant si bien tous les besoins actuels des siens, que je
n'osai y toucher. Il en fut tout joyeux et me répliqua sur un
ton victorieux. « Ne me donnez pas souvent de leçons
comme celle-ci, elles feraient brèche à votre considération. »

Préparé par la prière, Guillaume s'engagea enfin dans la
lutte qu'il méditait. Il rencontra sur ce terrain des difficultés
imprévues ; il les surmonta toutes et toujours en combattant
avec un courage persévérant, et il apporta la même opiniâtreté
à se plier au joug de la discipline du Seigneur, qu'il en avait
apporté naguère à faire plier autrui sous sa volonté.

Quinze jours avant son entrée dans la maison des Frères de
Saint-Jean-de-Dieu, les médecins avaient assujetti sa jambe et
resserré ses reins dans un bandage silicaté. La pression, s'exerçant
avec le temps sur certaines parties molles, avait développé,
sous l'appareil, un abcès dont la présence se révéla par une
douleur augmentant d'intensité et par une fièvre plus ardente.

Guillaume avait passé trois nuits sans sommeil ; je lui
témoignais mon étonnement et mon bonheur de le voir si
patient dans la souffrance. « Si j'étais encore le petit Guillaume de maman, me répondit-il, j'aurais jeté des cris per-
çants et fait souffrir tout le monde avec moi. »

Cependant, on avait enlevé l'appareil, et le médecin avait
ouvert l'abcès par un coup rapide de bistouri. Guillaume était
bien résolu à se dominer lui-même, mais il n'était pas encore
disposé à se voir soumis par d'autre. Cette action imprévue, faite
par le médecin sans son consentement, heurta si fortement son
indépendante volonté, impressionna si vivement sa nature
nerveuse, que depuis, se soumettant à des soins plus pénibles,
il ne voulut jamais consentir, quand plus tard cela redevint
nécessaire, à recevoir un nouveau coup de bistouri, si ce n'est
une dizaine de jours avant sa mort où, parvenu au sommet des
vertus que peut atteindre son âge, il s'étendit sur son lit comme
un doux agneau en disant d'une voix calme et résignée : « Faites,

je ne bougerai pas. » On se consulta du regard : hélas ! c’était
trop tard ! On lui épargna cette douleur que son bon ange
enregistra parce qu’il l’avait acceptée avec bonne volonté.

Dans les premiers temps, on le soumit à un traitement qui
lui répugnait beaucoup. Le soin pris : « Eh, bien ! me dit-il,
voilà la première fois que j’accepte avec soumission d’esprit
quelque chose de contraire à ma volonté. — N’êtes-vous pas
content, lui dis-je ? — Oui, je suis heureux ; je trouve même
à présent qu’il est plus facile de céder au devoir que de sup-
porter les conséquences de la résistance. »

Il craignait les bains de mer. Après son premier bain,
étonné lui-même de sa soumission, il ne put retenir ce mot
charmant : « Vous êtes une sirène ; je ne sais, en vérité,
comment vous vous y êtes pris. N’y revenez pas trop souvent,
car mon courage n’est pas de granit. » Pauvre cher petit ! il
fallut y revenir souvent, et sa soumission fut toujours aussi
parfaite, non seulement en cela, mais en beaucoup d’autres
choses.

« Encouragez-moi, me disait-il quelquefois, il est si pénible
de réagir toujours contre soi-même quand on n’a jamais fait
que sa volonté. Je vois bien, disait-il un autre jour, que mes
efforts devront être constants sous peine d’être nuls. » Dans une
autre circonstance où, pour rester fidèle à ses résolutions, il
avait dû passer d’un acte de vertu à plusieurs autres, il disait
en riant : « Je me suis trouvé pris dans l’engrenage, je voulais ne faire qu’un tour et j’en ai fait plusieurs ; c’est égal, j’ai
accepté cette mauvaise fortune avec bon cœur et je ne m’en
suis pas trop mal tiré. » Aussi était-il heureux après de pareil-
les victoires ! Une autre fois il s’écriait : « Je n’offense plus le
bon Dieu, que je suis heureux ici ! Chère petite maman, quel
bonheur ce serait pour elle de revoir maintenant son petit
Guillaume ! Combien sa pensée m’encourage ! »

De tels efforts ne pouvaient passer inaperçus. M. de Vitrolles, qui ignorait le secret de la grâce en son fils, ne revenait
pas de son étonnement en constatant le changement qui s’opérait en lui. Guillaume, habitué à discuter avec chaleur et à
soutenir son opinion avec tenacité, devenait doux, réservé,
délicat et aimable en ses paroles. Aussi, son père rapprochait-

il et prolongeait-il ses visites. Quand Guillaume prévoyait
son arrivée, il avait soin de m'avertir et de me faire préparer
ce qu'il croyait lui être agréable : un jour c'était un rafraî-
chissement, un autre jour une petite attention délicate ; et
quand son père partait joyeux : « Papa, me disait-il, est parti
content aujourd'hui. » C'était pour ce cher enfant une consolation qu'il ne savourait jamais assez et qu'il offrait au bon
Dieu avec piété filiale comme une réparation. Son frère aîné,
qui avait partagé ses jeux et bien connu son caractère, ne
s'expliquait pas davantage ce qu'il voyait. Guillaume qui
aimait beaucoup ses visites, s'attristait de ne pas les recevoir
plus fréquentes, mais il ne lui en faisait jamais que de doux
reproches. D'ailleurs, ce frère, appliqué à ses études, ne disposait pas toujours d'assez de temps pour visiter Guillaume aussi
souvent que celui-ci l'eût souhaité. Ces visites prenaient le
caractère d'une véritable fête. On se remettait en mémoire le
passé, on parlait du collège, des amis ; et la voix de Guillaume
retrouvait encore de bons et joyeux éclats de rire. Sa grande
préoccupation était de composer le menu du goûter de son
frère, il y pensait deux ou trois jours d'avance. Je lui faisais
remarquer qu'il se privait de certaines choses qui lui plai-
saient et qu'il devrait se les réserver à cause de son peu d'appétit. « Moi, j'ai toujours assez, me dit-il, on est si bon pour
moi que je ne manque de rien. »

La pensée qu'il s'était trop aimé le portait à se priver d'une
partie des petites douceurs qui lui étaient envoyées, et il arriva
un moment où il mit son bonheur à tout distribuer aux petits
malades de la maison. Je me permis une observation sur cette
libéralité. « Laissez-moi faire, me dit-il, ceux-ci n'ont pas
comme moi une bonne grand'maman qui renouvelle leur pro-
vision. » Un jour, un de nos frères lui apporta trois belles
poires. Il les reçut avec cette aimable et charmante expression
de reconnaissance qu'il savait donner à ses plus petits remer-
ciements. Puis, prenant la plus belle, il la tendit au frère :
« Tenez, lui dit-il, puisque vous avez eu pour moi une première bonté, ayez encore celle-ci de donner ce fruit au petit
X..... Le petit X... était la victime d'une de ces mères
dénaturées qui ont pour leur enfant l'amour de la hyène qui

déchire sa proie. Après douze années de souffrance, qui étaient aussi celles de son âge, ce pauvre petit avait acquis, sous l'influence surnaturelle de la religion et au milieu de douleurs souvent intolérables, une douceur angélique et une patience céleste qui ravissaient Guillaume.

Cependant, la santé de Guillaume s'était améliorée : il pouvait se lever, marchait avec des béquilles et faisait même des promenades en voiture aux environs.

Quel suave parfum de piété sa première sortie laissa dans son cœur ! Elle fut tout entière pour Dieu. La tribune de la chapelle avait une porte sur le pallier de sa chambre : ce fut là qu'il porta ses premiers pas. Il y avait environ deux ans qu'il n'était pas entré dans une église. Il y resta trois quarts d'heure. Ce temps écoulé, je voulus le conduire au dehors où brillait un beau soleil : « Oh ! non, oh ! non, s'écrie-t-il, j'ai consacré ma première visite au bon Dieu, je ne veux pas la partager avec un autre plaisir. » Depuis, il renouvela cette visite chaque fois qu'il le put et ne passa jamais devant cette porte sans s'y arrêter quelques minutes pour prier, quelqu'incommode que cela fût parfois.

Sa famille avait exprimé le désir qu'il se remît à l'étude pendant une heure ou deux par jour ou que, du moins, il s'appliquât à des lectures sérieuses. Guillaume accepta cet ordre et fit de son mieux malgré une petite fièvre du soir qui lui rendait le travail pénible. Il arriva que pendant quelques jours, soit effet du mal, soit que l'élan se ralentît, il travailla un peu moins. Je lui adressai à ce sujet quelques paroles où sa nature délicate sentit un léger blâme : après quoi, je partis. A mon retour, je trouve Guillaume assis à son bureau. Sa figure avait un petit air malin qui me fait présager quelque chose. Il me montre une belle page d'écriture, je le félicite de son application ; il tire de son buvard un devoir écrit, il était bien soigné : « J'ai appris de l'histoire me dit-il, » et il m'en résume correctement vingt pages.

Ma physionomie reflétait mon étonnement et mon contentement. Guillaume, qui suivait mes impressions, ne peut contenir sa joie : « Oh ! petit frère, dépêchez-vous donc de me dire que vous êtes content ; j'ai si bien travaillé ; je me suis tant fatigué à vous préparer cette satisfaction ; vous savez bien que je ne puis pas reconnaître vos soins autrement qu'en vous faisant plaisir.» Qui ne se serait ému en présence d'une bonté si exquise, d'une réparation si délicate !

La lueur d'espérance que quelques mois d'amélioration soutenue avaient allumée, allait hélas ! bientôt pâlir et s'éteindre. Nous étions arrivés au commencement de septembre. Des vomissements répétés étaient apparus comme des points noirs à l'horizon. Nous croyions cependant toujours à notre bonheur ; car comment perdre si vite l'espérance quand elle est fixée comme une ancre retenue par toutes les vertus d'un si noble enfant! D'autres mauvais signes, avant-coureurs de la tempête, suivirent promptement les premiers. Tout à coup retentit comme un coup de foudre ce mot qui nous glaça d'effroi : « Le cœcum est perforé! » C'était la mort, mort inévitable et prompte. Oh ! mon Dieu, laissez-moi vous le dire: combien votre main d'ordinaire si douce, en ce jour broya mon cœur !! Que faire ? Comment préparer à la mort cet enfant qui pouvait être emporté à son insu ? Si Guillaume était pieux, s'il était vertueux, il n'était pas encore arrivé à ce détachement de la vie qui considère la mort comme une messagère divine que l'on salue le sourire aux lèvres et l'espérance dans le cœur. Ce bonheur inestimable ne devait pas lui être refusé, mais il ne devait lui être donné que dans quelques mois seulement. Pour le moment, je ne voyais que le présent, et, au delà de quelques jours, une tombe ouverte qui se refermait sur sa victime. Mon inquiétude augmentait encore lorsque je me rappelais que quelques semaines auparavant Guillaume s'était jeté à mon cou en s'écriant: « Je ne veux pas mourir, sauvez-moi ! »

Dans cette triste extrémité, j'invoquais Marie, je lui demandais un secours, une inspiration. Ma prière avait été prévenue. En effet, pendant que l'amour divin étendait, comme un arbre vigoureux, des branches fécondes dans l'âme de Guil-laume, un fruit, que nous avions vu tout petit, arrivait en lui à maturité : c'était l'amour des âmes. Déjà il nous semblait le voir prêt à tomber des lèvres de cet enfant et s'offrir aux hommes sur une main, brillant de l'onction sainte du sacerdoce. Guillaume voulait réaliser le vœu de sa mère, qui avait de-

mandé à Dieu l'honneur d'avoir un prêtre dans sa famille. Je
lui dis donc : « Voilà plusieurs neuvaines que nous faisons à
Notre-Dame de Lourdes, et notre prière n'a pas encore été
exaucée. Vous m'avez souvent parlé du désir de vous faire
prêtre, je crois même que vous y êtes résolu : ne pensez-vous
pas que le moment soit venu de vous en ouvrir sérieusement
à votre famille et de demander à votre confesseur s'il approu-
verait que vous en fissiez le vœu pour obtenir une plus prompte
guérison de la Sainte Vierge ? — J'y ai pensé, me dit-il ; je
veux même aller en pèlerinage à Lourdes. Papa vient ce soir,
je vais lui en parler et nous partirons le plus tôt possible. »
Cet heureux dénouement ne m'obligeait qu'à plus de prudence,
je continuai donc : « Vous ne réfléchissez pas que le voyage
sera très fatiguant. Qui sait ce qui arriverait, dans l'état de
faiblesse où vous êtes ! — Je comprends, dit-il. Pour vous
ôter toute inquiétude, n'y pensez plus ; ceci est mon affaire,
je vais l'arranger avec papa. »

Le médecin arrivait peu après, je lui parlai du projet de
Guillaume. « Il est impraticable, me dit-il, ce serait aller
au devant d'une catastrophe ; ne prenez pas une telle responsabilité ; quant à moi, je dégage la mienne. »

Dans la soirée, Guillaume causait depuis quelque temps
avec son père. J'attendais dans l'antichambre, lorsque M. de
Vitrolles entre bouleversé : « Croiriez-vous, me dit-il, que
Guillaume veut aller à Lourdes ?. Quelle idée ! Il délire ! » Enfin,
M. le comte retourne auprès de son fils ; il revient peu après,
de plus en plus préoccupé : « Il y tient ! comment faire ? Ne
pensez-vous pas qu'il y ait du délire là-dedans ? » Je répondis
en écartant cette supposition et j'ajoutai : « Les médecins
vous l'ont déclaré : la science humaine est impuissante.
Pourquoi ne pas vous retourner vers la bonté toute puissante
de Dieu ? En admettant qu'en cédant à son désir, nous reve-
nions en deuil, nous n'aurons jamais avancé que de quelques
jours un arrêt irréformable devant les hommes, et nous aurons
couru la chance d'une guérison que beaucoup ont trouvée. »
Le fils aîné de M. de Vitrolles était présent, il ajouta : « Comment refuser cette dernière consolation à Guillaume ? »

« Eh ! bien, allez, me dit ce pauvre père, partez vite. Je

vais embrasser Guillaume, lui dire adieu... pour toujours, pour toujours ! Dites-moi quel jour vous partirez ; puis, ne m'en parlez plus .. ne m'écrivez pas... Je vous verrai bien revenir... Ce sera assez tôt !... Oh ! mon Dieu, mon Dieu, c'est trop de douleur à la fois ! »

V

Pèlerinage de Guillaume à Lourdes. —
Les derniers Mois de sa Vie

Ce pèlerinage s'annonçait sous de tristes auspices. Autour de moi l'on disait : « Il ne ramènera qu'un cadavre ! » Guillaume, en effet, était arrivé à ce degré de faiblesse que la plus petite commotion conduit au dernier souffle. Depuis huit jours, c'était à peine si son estomac avait pu garder quelques gouttes de lait et d'eau ; et la perforation du cæcum déterminait, dans la journée, plusieurs accidents graves, plus particulièrement embarrassants dans un voyage.

Le départ fut fixé au 29 septembre 1885, à 10 heures du soir.

Deux heures auparavant, j'essayai de faire garder à Guillaume un demi-verre de lait coupé d'eau glacée, mais il ne tarda pas à le rendre et nous partîmes, le pauvre enfant ayant, ce jour-là, rejeté toute alimentation.

Je ne puis dire avec quelle angélique piété, avec quel courage patient et héroïque il supporta la fatigue du voyage et s'appliqua au recueillement et à une prière presque continuelle. Aussi la Sainte-Vierge, d'autant plus généreuse envers ses serviteurs qu'ils le sont davantage envers elle, accorda-t-elle au cher petit moribond une faveur que nous n'osions espérer sitôt : il garda, sans malaise, le peu d'aliment qu'il prit, et n'eut, surtout, aucun de ces accidents fréquents auparavant, que je redoutais tant.

C'était le commencement d'un miracle qui se soutint et que le médecin devait constater au retour.

À peine arrivé, avant de prendre le plus léger repos, Guillaume me pria de le conduire à la grotte. Je me laissai guider par l'entraînement de sa foi dans laquelle reposait une partie de notre espérance. Il resta en prière une heure et demie, jusqu'à la tombée de la nuit. Le lendemain il prit un bain de piscine. Le froid de l'eau lui arracha des larmes. Ce moment de faiblesse bien naturelle lui pèsera désormais comme un remords, jusqu'au moment où nous le verrons effacer cette si petite faute par un acte de courage.

Les pèlerins présents étaient touchés par l'attitude et le recueillement tout céleste de ce pauvre enfant qui, étendu dans sa petite voiture, passait une grande partie de la journée en prière.

La sympathie prit bientôt une autre forme. On organisa pour lui la récitation publique du rosaire. Ce mouvement spontané de charité chrétienne émut Guillaume qui garda un particulier souvenir de gratitude à une pieuse demoiselle qui s'était faite plus spécialement sa zélatrice.

Le vendredi soir, pendant la récitation publique d'un chapelet, Guillaume ressentit un mouvement très prononcé dans la jambe ; il crut que sa guérison s'opérait et nous redoublâmes de prières. Cette espérance n'allait pas se réaliser. Nous devions cependant à Notre-Dame de Lourdes un cantique d'actions de grâces. L'inflammation intestinale ne se révélait plus par aucun signe extérieur et, depuis le voyage, c'était en vain que je recherchais les traces de la perforation. Guillaume était sauvé de la mort, il restait toujours perclus de la jambe.

Chaque jour, le courageux enfant avait pris un bain. Le froid venait de tomber tout à coup dans la vallée, la neige couvrait les hauteurs environnantes ; il devenait difficile désormais de prier à la grotte : je me résolus donc au retour.

Le matin même du départ, Guillaume me demanda à prendre un dernier bain. Le froid avait encore augmenté, quelques légers flocons de neige arrivaient jusqu'à nous ; pour ce motif je refusai. Guillaume insista au point que, ne sachant plus à quoi me déterminer, je demandai conseil à un missionnaire de la grotte : « Les dispositions de cet enfant sont admirables, me dit-il ; cédez à ses instances, il peut encore guérir, ou bien il emportera un délai de vie et la grâce de bien mourir.» C'était cette dernière grâce que Notre-Dame de Lourdes avait accordée à Guillaume. Elle la lui offrit comme un don riche et généreux, digne de la piété de l'enfant et de la toute puissante bonté de la mère, ainsi que nous le verrons bientôt. Guillaume sortit de ce bain tout joyeux : « Voilà, me dit-il, la plus belle fleur de pénitence de mon pèlerinage ; j'ai pris ce bain parce que je sentais le froid et que je voulais effacer mes pleurs du premier jour. » Belle leçon donnée par un frêle enfant à tant de chrétiens qui croient acquitter toutes leurs dettes envers Dieu par quelques prières plus ou moins pieusement récitées !

Notre retour à Marseille fut accueilli avec une joie facile à comprendre, bien que diminuée par le résultat incomplet du pèlerinage. Le médecin ne put contenir l'expression de son étonnement et déclara « que l'état général s'était sensiblement amélioré. » Quant à nous, ignorant les desseins de Dieu sur cette âme, nous regardions cette amélioration comme des arrhes et un encouragement à la prière, donnés par notre bonne Mère du ciel. Guillaume reprit sa vie chétienne ordinaire avec cette différence que, depuis Lourdes, il sembla sorti de la période des luttes orageuses et entré dans une atmosphère sereine où la vertu devient plus facile et fait comme partie de notre nature. Ce couronnement dont l'auréole brillait si tôt sur ses jeunes mérites, nous inquiétait bien un peu, et nous craignions qu'il ne présageât sa prochaine entrée triomphale dans le ciel. Mais Guillaume ne nous laissait rien deviner de ses pensées sur la vie ni sur la mort. Il s'affermissait dans la résolution de se faire prêtre et même religieux; il demandait sa guérison par des neuvaines, mais tout cela avec un calme, une tranquillité, une résignation à la volonté de Dieu qui eussent dû nous faire réfléchir si, moins illusionnés par l'espérance et une tendresse qui cherchaient à se rassurer, nous n'eussions presque volontairement fermé les yeux sur ces choses.

L'hiver qui approchait, allait contraindre Guillaume à mener une vie plus retirée. Se souvenant de sa pieuse mère, il voulut à son exemple régler sa journée et faire chaque jour une courte méditation ; au lieu du chapelet qu'il récitait précédemment, il prit la résolution de dire le rosaire en entier, et il demanda à Monsieur l'Aumônier la faveur de faire la sainte Communion dans la semaine, en plus du dimanche. Quand la fièvre le tourmentait et qu'il ne pouvait étudier, il prenait sur son lit une scie à découper afin de ne pas rester oisif. Son premier chagrin fut de se voir privé par le froid du bonheur de descendre à la chapelle. Pour dédommager sa piété d'une privation aussi sensible, il se transportait par la pensée aux offices que l'on y célébrait et s'unissait aux prières qui s'y faisaient. Tous les soirs, l'instant le plus apprécié de son âme, le plus saintement désiré, était celui qu'il employait à adorer en esprit Notre-Seigneur Jésus-Christ résidant sur nos autels dans le sacrement de son amour.

Un tel genre de vie loin de rendre son caractère moins expansif, ajouta à sa physionomie quelque chose de plus attrayant, à sa parole quelque chose de plus doux. Ce n'était plus seulement de l'esprit et une conversation charmante et variée que l'on admirait en lui, c'était aussi une délicatesse de pensée qui venait du cœur et le rendait habile à choisir les sujets et à les traiter avec de grands égards pour les personnes qui s'entretenaient avec lui. Aussi, était-il recherché de tous ceux qui l'avaient une fois connu, et bientôt aimé. Nos frères qui venaient nous voir d'une autre maison, trouvaient un charme inexprimable à causer avec lui, et quelques-uns s'attachaient si fortement à ce pauvre enfant qu'ils ne s'arrachaient de son lit que comme à regret pour nous faire une visite réduite dans sa durée à la plus stricte convenance. A ce propos je lui disais : « On vous fatigue, je prierai une autre fois qu'on se retire plus tôt. — Non, me dit-il, on vient me voir pour me faire plaisir et me distraire, il faut bien qu'en retour de cette bonté je laisse auprès de moi autant qu'on le désire. »

« Que la charité est belle! me disait-il, dans une autre circonstance, en me parlant d'un de nos frères qui, tout l'hiver, lui avait entretenu un petit bouquet de violettes sur sa cheminée ; ces fleurs me font bien plaisir, mais j'aime plus encore la bonté persévérante avec laquelle elles me sont données. »

M. de Vitrolles s'oubliait autant et plus que d'autres auprès
de son cher petit malade : « Guillaume, me disait-il, est une
société pour moi, je passe plusieurs heures avec lui sans ennui ;
il s'occupe de mes affaires avec le sérieux d'un homme de
vingt-cinq ans. Il parle admirablement bien et sera comme son
arrière-grand-père un causeur charmant. » Hélas ! quelques
mois après le pauvre père m'ajoutait avec une douleur plus
facile à comprendre qu'à décrire : « Cette mort achève mon
malheur : elle me fait peut-être encore plus de peine que celle
de ma pauvre femme. Après Mme de Vitrolles, j'avais encore
Guillaume, maintenant j'ai tout perdu ! Mes autres enfants
vont prendre une carrière ; je n'aurai personne avec qui je
puisse finir ma vieillesse. Guillaume infirme serait resté avec
moi, et par sa bonté, par toutes ses qualités, il aurait encore
un peu réjoui mes vieux jours. »

Il y eut, un certain soir, je ne sais à quel propos, un léger
nuage dans ce beau ciel ; voici comment Guillaume le dissipa,
je copie textuellement la lettre qu'il envoya à son père :

> « SAINT-JEAN-DE-DIEU, *dimanche soir, cinq minutes*
> « *après vous avoir fait de la peine.*

> « MON CHER PÈRE,

> « Voici qu'une fois encore mon mauvais caractère vient de
> « vous faire de la peine. Je le regrette de tout mon cœur et
> « je vous demande humblement pardon. Je comprends très
> « bien qu'à mon âge je ne puis savoir ce qui est juste ou in-
> « juste et que je dois vous obéir complètement. Je regrette
> « beaucoup le chagrin que je vous ai donné et j'aurai doréna-
> « vant la ferme volonté de ne plus vous désobéir.

> « Adieu, mon cher Père, je vous embrasse et j'espère que
> « vous me pardonnerez.

> « Votre fils repentant,
> « GUILLAUME DE VITROLLES. »

En lisant cette lettre et surtout cette touchante en-tête,
« cinq minutes après vous avoir fait tant de la peine, » M. de
Vitrolles ne put retenir ses larmes. Il me disait en me la mon-
trant. « J'ai quitté Guillaume dimanche soir un peu brusque-
ment ; mais j'avais complètement oublié le petit rien élevé
entre nous, lorsque cette lettre est venue me rappeler combien
mon pauvre enfant est admirable de bonté et d'amour filial. »

Je ne puis résister au désir de placer ici une autre lettre de
Guillaume qui, en vérité, n'a rien en soi de particulièrement
intéressant, mais qui a été écrite dans une circonstance qui
lui donne tout son prix. La fièvre le tourmentait; depuis quelques jours il n'avait pas eu un seul instant de repos, même la
nuit, et il était dans son lit exténué par la faiblesse : tout à
coup il se rappelle que le lendemain c'est la fête de son père :
« Frère, me dit-il, donnez-moi mon buvard, je vais écrire à
papa, c'est sa fête demain. — Vous n'y pensez pas, lui dis-je,
avec cette faiblesse c'est impossible; vous ne tiendrez pas cinq
minutes assis sur votre lit ! — Oh ! ce sera faire un si grand plaisir à papa ! — Je n'en doute pas, Guillaume, mais je lui dirai
que c'est moi qui, par sollicitude pour votre santé, vous ai
empêché d'écrire et il m'approuvera. — Ce ne sera plus la même
chose ! me dit-il ; eh ! bien, quand même papa vous approu-
verait, il sera encore plus content que je lui écrive. Je vous en
prie, petit frère, donnez-moi mon buvard. » Et il écrivit :

« Mon bien-aimé Père,

« Je viens vous souhaiter une bonne fête. Je regrette bien
« d'être privé, par la maladie, du plaisir qui est donné à
« mes frères de vous souhaiter votre fête sans être obligés,
« comme moi, de vous transmettre leurs sentiments sur du
« papier.

« Je renferme dans ma lettre tous les baisers que je vous
« aurais donnés.

« Je prie Dieu tous les jours qu'il vous bénisse, mais aujour-
« d'hui je le prierai tout particulièrement pour qu'il vous
« donne les grâces qui vous sont nécessaires pour remplacer la
« bonne maman.

« Quoique loin de vous, je vous aime bien davantage parce
« que je sens mieux l'affection que vous me portez et toutes
« les peines que vous vous donnez pour moi.

« Adieu, cher papa, je vous envoie mille baisers.

« Votre fils cadet,

« GUILLAUME DE VITROLES. »

Nous sommes loin de l'enfant qui comprimait les élans de
son amour et qui, pour ne pas diminuer le dévouement dont
on l'entourait, n'osait laisser paraître les bons sentiments qui
remplissaient son cœur.

« Pauvre chère petite maman, me disait un jour Guillaume,
si elle m'avait adressé une bonne fois quelqu'une des sages
réprimandes que vous m'avez faites, elle aurait obtenu de
moi tout ce que vous avez obtenu ; mais son cœur était tout
composé de piété, de douceur et d'abnégation. »

Cependant le froid, qui empêchait Guillaume de sortir, et,
des abcès successifs, finissaient par l'épuiser. Au milieu de ses
douleurs, il gardait une douce patience qui voilait à ceux qui
n'y prenaient garde ses véritables souffrances Son esprit intérieur grandissait et se perfectionnait. Il ne parlait plus de ses
luttes, il n'épanchait plus sa joie après une victoire comme il
l'avait fait au début de sa vie spirituelle : il eût craint de diminuer la générosité de son sacrifice en recherchant dans le cœur
ami qui avait soutenu ses premiers pas dans la vertu, un
encouragement qu'il trouvait désormais dans son amour pour
Dieu. Cependant il répondait aimablement et simplement lorsqu'on l'interrogeait, et lui-même prenait quelquefois l'initia-
tive quand il le jugeait utile à son âme. C'est ainsi que plus
d'une fois en ces derniers temps, il me dit : « Petit frère, aidez-
moi à faire mon examen de conscience, je ne trouve plus mes
fautes, je suis inquiet. » Et lorsque je le rassurais : « Oh ! quel
bonheur, quel bonheur ; quelle grâce le bon Dieu m'a faite en
me mettant dans une maison religieuse ! »

Il avait pour la sainte Communion un si grand amour qu'il
ne voulait pas s'en laisser priver par ses souffrances et que,
malgré la fièvre, il restait à jeûn jusqu'à 5 heures du matin

pour recevoir son cher Jésus. Quelquefois je lui entendais dire dans un accès de fièvre : « Courage, petit Guillaume, tu recevras demain le petit Jésus, il t'aidera. »

Je lui demandais un jour comment il passait ses longues nuits d'insomnie : « Je récite mon chapelet, me dit-il.—Quand vous l'avez récité et que le sommeil ne vient pas ? — Je me repose quelque temps, puis je recommence ; il m'est arrivé plusieurs fois de dire le rosaire en entier dans une nuit.» Pour cela il avait constamment son chapelet avec lui dans son lit.

Enfin le moment approchait où cette petite victime qui brûlait pour son Dieu, allait achever la consommation de son holocauste, et, en jetant ici-bas sa dernière étincelle, se couvrir des gloires d'une immortalité bienheureuse.

VI

Mort de Guillaume de Vitrolles

Le jeudi soir, 18 février 1886, les premiers symtômes d'une crise attendue depuis environ trois semaines s'annoncèrent comme de funèbres avant-coureurs. Le lendemain, le danger était déjà assez évident pour que je me crusse obligé de préparer Guillaume à recevoir le sacrement de l'Extrême-Onction. Je le lui fis accepter comme un acte de déférence envers moi qui cédais à une prudence inquiète, et je le priai de pardonner cette démarche hâtive à ma sollicitude religieuse.

Après la réception de ce sacrement, il était heureux et disait à ceux qui venaient le voir : «J'ai reçu l'extrême-onction par dévotion, pour en recueillir les fruits dans une crise que j'espère traverser heureusement.»

Le dimanche matin en examinant Guillaume attentivement, je reconnus, à n'en pouvoir douter, qu'il était perdu. Une immense douleur me broyait le cœur parce que je voyais le pauvre enfant confiant, en possession de son intelligence et faisant encore des rêves d'avenir.

Le lundi matin, je fis part de mes craintes à M. le comte de

Vitrolles qui partit en toute hâte chercher ses enfants. Je comptais les heures et je me demandais avec angoisse si sa famille arriverait à temps pour recevoir son dernier soupir.

La mort avançait précipitamment, entraînée dans une course encore plus rapide que je ne l'avais prévu. Déjà je pouvais compter chacun de ses pas sur ce corps qu'elle envahissait et toucher du doigt chacune de ses glaciales impressions.

Il était 11 heures du matin quand Guillaume me dit : « Ma langue se paralyse, mon bras droit aussi ; j'ai froid, je ne sens plus mon côté droit. » Et un instant après : « Ceci n'est rien, on guérit d'une paralysie, j'en ai vu guérir. » Pauvre cher enfant !... Je le préparais de mon mieux à paraître devant son Dieu, devant son juge suprême. Mais je n'osais lui dire: « Guillaume vous êtes aux portes de votre éternité ! » J'étais moi-même surpris par un tel coup de foudre et je ne voyais pas comment je pourrais lui apprendre prudemment toute la vérité. Ah ! combien mon cœur de religieux souffrit en ce moment ! Combien mes prières montèrent ardentes aux pieds de Marie, la mère des agonisants !

A une heure, M. de Vitrolles arriva avec ses enfants. Il nous sembla que Guillaume n'attendait que cet instant pour rompre les derniers liens qui le retenaient à la vie. Il ne reconnut personne. Les derniers soupirs de la mort sonnèrent comme un glas funèbre et s'espacèrent en s'affaiblissant rapidement. Nous eûmes à peine le temps d'avertir M. l'aumônier de commencer les prières de la recommandation de l'âme ; deux fois il s'interrompit croyant que le pauvre enfant avait rendu son esprit à Dieu. Nous attendions, recueillis dans un douloureux et religieux silence... Tout à coup les paupières inertes de Guillaume se soulèvent, ses deux grands yeux apparaissent clairs et brillants, ils fixent en haut un objet invisible pour nous ; sur ses lèvres s'épanouit un céleste sourire et il s'écrie d'une voix forte : « Le ciel ! le ciel ! » Tous émus et comme soulevés par une étincelle électrique, nous nous précipitons autour de sa couche. M. le Comte s'écrie : « De l'eau de Lourdes ! donnez-lui de l'eau de Lourdes ! » J'en fais tomber quelques gouttes sur les lèvres du moribond, je répète plusieurs fois cet appel à la bonté toute puissante de Marie, et peu à peu l'enfant se dégage des ombres de la mort et revient au jour de la vie. Notre enthousiasme ne connaît plus de borne, nous pressentons un miracle, nous l'appelons par nos prières. Guillaume est là, vivant et nous causant, tout son corps a repris sa sensibilité : évidemment, pensons-nous, la Sainte Vierge veut le sauver. M. l'aumônier dit à Guillaume de renouveler le vœu de se faire prêtre s'il guérit. « Non, dit l'angélique enfant, je veux aller au ciel. Ah ! qu'il fait bon y aller sans passer par le purgatoire ! » Étonnés de sa réponse, nous lui demandons ce qu'il a vu. Il sourit et ne nous répond que par ces mots : « Je veux aller au ciel.» Et, comme pour ne nous laisser aucun doute sur ses intentions, il commence à donner à chacun de nous un souvenir. Dans sa présence d'esprit il n'oublie personne. Un de nos religieux que Guillaume aimait, était absent. « Au père Théodore, me dit-il, vous lui direz : Adieu.» Puis se souvenant que le petit X..., dont nous avons déjà parlé, devait être enterré le jour même (nous n'avions pu le lui cacher) il nous dit : « Récitons ensemble le *De-profundis* pour le repos de son âme. » Et d'une voix forte il répondit à cette prière.

Ce serait ici le lieu de relater une autre scène émouvante ; mais si nous la taisons, vous du moins, heureux père d'un si admirable fils, vous la raconterez à vos enfants et vous la leur laisserez comme le gage suprême de l'amour fraternel de Guillaume pour eux.

Les médecins, appelés en toute hâte le matin, venaient d'arriver. Nous étions confus de les avoir dérangés par de pressantes instances, pour un malade qui, maintenant, souriait sur son lit. Ils examinèrent attentivement Guillaume, et après une délibération commune, ils nous apportèrent le verdict de la science : « La crise, nous disent-ils, n'a pas éloigné l'imminence du danger ; elle n'a retardé que de quelques heures une mort inévitable. » Voilà donc Guillaume condamné par une sentence assurément respectable. Mais Dieu, souverain juge et prononçant en dernier ressort, n'avait pas encore porté son arrêt. Il accordait au pauvre enfant six jours de vie, six jours de surcis et de grâces, pendant lesquels il expierait le reste de ses fautes par son héroïque patience dans

la souffrance et un désir passionné de s'unir pour jamais à
son Dieu.

A la tombée de la nuit, Guillaume demanda à tout le monde
de se retirer : il sentait le besoin de se recueillir et il voulait
prier. Pendant la nuit, je lui fis prendre de temps en temps
une cuillerée d'une potion très mauvaise. Surpris qu'il ne
manifestât aucun dégoût, je lui demandai comment il la trouvait : « Très mauvaise, » me répondit-il simplement.

Le lendemain, malgré sa grande faiblesse, il eut encore assez
de force d'esprit et de sensibilité de cœur pour remarquer la
profonde douleur dans laquelle s'abîmait son père : « Frère,
me dit-il, faites asseoir papa à côté de mon lit et causez-lui
doucement pour le consoler. »

Vers 11 heures, une nouvelle crise faillit l'emporter, mais
des prières instantes faites à Notre-Dame de Lourdes le sau-
vèrent encore une fois. Nous lui disions à ce sujet : « La sainte
Vierge ne veut pas de vous au ciel, puisqu'elle vient encore
de vous ramener sur la terre. La crise dont vous sortez devait
vous emmener. — Oui, je le sais, mais j'irai au ciel quand
même. Quel dommage que je n'y sois pas allé hier, j'étais si
bien préparé ! Pendant que l'on récitait les prières de la recommandation de l'âme, je me disais : c'est le moment ! J'ai été
bien déçu de me retrouver encore sur la terre : je serais allé
au ciel tout droit, tandis que maintenant... » Et il était triste.

Et nous aussi, nous étions tristes, parce que Guillaume,
qui avait entrevu les joies du ciel dans cet instant de ravisse-
ment, dont il a emporté le secret dans la tombe, ne voulait
plus de celles de la terre. Il nous sembla que Dieu lui avait
offert en ce moment le choix entre la vie et la mort et qu'il
choisissait la mort.

Cependant notre foi s'accrochait à la prière comme à une
ancre de salut, et nous persévérions dans la neuvaine à Notre-
Dame de Lourdes. Dans la soirée, Guillaume répondit à
M. l'aumônier, qui l'engageait à s'unir à nos prières et lui
montrait comme un encouragement la grandeur et la grâce du
sacerdoce : « Si je n'étais pas malade et que je sois encore plus
riche, je voudrais quand même être prêtre et religieux, parce
que j'ai compris que toute la vie de l'homme doit être la

recherche du ciel. » Paroles admirables dans la bouche d'un enfant! Cependant, il ajoutait un instant après : « Je préfère encore aller au ciel. »

A partir de ce jour, M. de Vitrolles prit une chambre dans l'établissement et ne quitta plus son enfant. Le lendemain, Guillaume se montra si bon, si prévenant envers son père que celui-ci, ne pouvant plus contenir son chagrin de perdre un fils si aimable jusque dans ses souffrances, se jeta à son cou et lui dit en pleurant : « Guillaume, puisque tu aimes tant ton père, demande ta guérison avec nous et consens à vivre au moins pour moi. » Ce cri, plein d'une déchirante angoisse, ébranla un instant la fermeté du pauvre enfant. Il renouvela le vœu de se faire prêtre, et Dieu, comme pour donner raison à notre espérance, permit que ce jour-là il se trouvât sensiblement mieux.

Mais, c'était à regret que le cher petit se rattachait à la vie ; il voyait avec tristesse l'amélioration qui se prononçait et le soir il me dit : « Petit frère, vous me faites de la peine ; ne priez plus pour moi, vous m'empêchez d'aller au ciel. » Son accent était si vrai que j'en fus ému et que je lui promis de ne plus le contrister.

A partir de ce moment, la fièvre le saisit fortement, une soif ardente le tourmentait, parfois même il délirait, mais il sentait son délire et nous disait que cet état de trouble passager le fatiguait beaucoup. C'est dans un de ces moments qu'il eut deux mots charmants; il dit à M. l'aumônier : « Priez davantage et dites au bon Jésus : Le petit Guillaume, qui est sur la terre, veut aller au ciel ; venez vite le cueillir délicatement de votre main divine, comme une petite fleur, pour le transplanter dans le ciel. » Cette tournure littéraire, qui peint si bien la beauté de cette petite âme, nous arracha un sourire. « Guillaume, lui dis-je, pour aller au ciel il faut des ailes, et je regarde en vain, je ne vois pas les vôtres. Quelle sera la couleur de vos ailes? — Blanches ! » me dit-il. Il se recueillit dans cette pensée, puis tout à coup nous l'entendîmes s'écrier : « Mon Dieu, mon Dieu, prenez-moi vite au ciel, de crainte que je ne souille mes petites ailes blanches ! » Paroles d'où nous crûmes sentir s'exhaler un parfum d'angélique pureté!

La journée du vendredi, 26 février, fut très douloureuse.
Le pauvre enfant souffrait de ses plaies ; il se plaignit aussi de
ne pouvoir plus prier, et nous lui faisions faire des oraisons
jaculatoires. Le délire ne reparut plus. Il se souvint qu'il
n'avait pas encore disposé de ses armes ni de ses fleurets et il
les donna à son frère aîné. Restait ses bijoux, qu'il désigna
pour sa sœur Odette.

Pour l'aider à prier, notre supérieur lui avait mis entre les
mains un Christ semblable aux nôtres, « Mon Père, lui dit Guillaume, permettez-moi d'être enterré avec ce Christ : je regrette
de ne pas mourir religieux comme vous ; promettez-moi aussi
de me mettre dans le cercueil revêtu de ce que vous pourrez me
donner de l'habit religieux. » Plusieurs fois il revint sur
cette demande qui semblait lui tenir au cœur ; et notre supérieur le consola en lui promettant, comme un dernier gage de
son affection, de lui accorder ce qu'il désirait.

Mais, de nous tous, M. l'aumônier fut le dernier à se résigner
à la mort de ce cher enfant ; il voulut encore tenter un dernier
effort : « Guillaume, lui dit-il, priez avec nous pour votre
guérison et laissez-vous ramener sur la terre. Vous entrerez
dans le sacerdoce qui est le chemin du ciel ; vous trouverez
sur la route des âmes que vous sauverez et que vous emmè-
nerez avec vous. Le trajet sera un peu plus long, mais aussi
plus glorieux pour Dieu et pour vous. L'enfant écoutait et semblait réfléchir. Il sourit enfin et secoua sa petite tête : « Non,
je veux aller au ciel maintenant, maintenant. » Son regard me
fixa, il devint doux et triste : « Vous, me dit-il, j'ai de la peine
de vous quitter, vous avez été une mère pour moi. » C'est ainsi
que, dans les bras de la mort, il consolait encore par une bonne
parole ceux qu'il laissait dans la douleur.

Mais le moment était venu où Dieu allait donner une consécration à une si angélique vertu en la marquant du sceau de
la tentation. Satan attendait l'heure ; elle lui fut marquée
dans la nuit du vendredi au samedi.

Je remarquais depuis quelques instants que Guillaume semblait terrifié. Son souffle était retenu par une contraction qui
le serrait à la gorge, son corps cherchait à se cacher pour évi-
ter un danger pressant ; par intervalles ses yeux grands ouverts

erraient craintivement comme s'ils eussent suivi les mouvements d'un ennemi ; d'autrefois il évitait de faire du bruit comme s'il eût craint d'éveiller son attention. Tout à coup il pousse un grand cri. Je me précipite sur son lit avec de l'eau bénite et j'asperge. « Ne craignez rien, Guillaume, je suis là. — Les voyez-vous, me dit-il, ils m'entourent, ils veulent se jeter sur moi, défendez-moi ! — J'ai de l'eau bénite, soyez sans crainte, c'est l'arme qu'ils redoutent le plus. Mais que voyez-vous ? — Ne les apercevez-vous donc pas, me dit-il, ces spectres, ces singes hideux qui se suspendent aux rideaux de mon lit ? Tout à l'heure ils n'osaient bouger, voyez maintenant comme ils s'agitent ; entendez-vous cette voix, celle du grand singe ? Oh chassez-le, chassez-le ! — Qu'a-t-il dit, petit Guillaume, ce vilain grand singe ? — Il a dit: je veux ton âme ; j'en veux deux, je veux celle de l'autre aussi. — Prions, cher enfant, prenons de l'eau bénite et méprisons ces spectres impuissants. »

Ce combat dura ainsi jusqu'au matin Le pauvre enfant était brisé: il m'envoya chercher M. l'aumônier et voulut qu'il passât toute la journée à prier dans sa chambre. Depuis ce moment il parlait peu et nous le comprenions difficilement. Si M. l'aumônier ou moi le quittions un instant, il devenait inquiet « Ne me quittez plus, » me dit-il plusieurs fois. Il semblait s'absorber de plus en plus. Quelqu'un qui se croyait suffisamment éloigné de son lit, me dit : « Reconnaît-il encore ? » Guillaume entr'ouvrit les yeux, fit un effort et répondit : « J'ai toujours reconnu tout le monde, j'entends tout. » Paroles qui doivent nous faire réfléchir et nous rendre bien prudents auprès des mourants.

La journée se passa ainsi entre la vie et la mort ; je devrais dire sous le souffle de la mort. Le recueillement de Guillaume était tout céleste ; il faisait ses oraisons jaculatoires avec une attention, une piété si ravissante qu'on l'eût pris pour un ange.

Pendant sa maladie, il avait toujours bien fait son beau grand signe de croix, mais à ce moment suprême nous remarquions tous qu'il le faisait encore avec un plus pieux respect.

Enfin, vint le soir. Un de nos frères veillait Guillaume ; j'étais brisé de fatigue et d'émotions et je venais de me jeter sur une

chaise longue à côté du lit du pauvre enfant. J'y étais à peine
depuis dix minutes lorsqu'il m'appela. Il voulait m'embrasser:
« Adieu, me dit-il, au Ciel je prierai pour vous.» Ce fut la dernière parole de lui que j'entendis. Pendant la nuit il fut en proie
à une soif ardente qu'on tempérait en faisant tomber de temps
en temps quelques gouttes d'eau sur ses lèvres. A mon réveil
il me montra sa langue desséchée. Je lui rappelai qu'il avait
exprimé plusieurs fois le désir d'aller au ciel sans passer par
le purgatoire et je lui suggérai la pensée d'offrir toutes ses
souffrances à cette fin. Il me sourit, inclina la tête et retomba
dans le silence. Rarement il essayait de parler, mais inutilement, car nous ne comprenions plus une seule parole. Quel
martyre pour nos cœurs d'assister à cette longue agonie de
six jours qui imprimait lentement, minute par minute, le sceau
de la mort sur cet enfant tant aimé !

Il était huit heures du matin, Guillaume continuait à prier ;
nous le voyions au mouvement de ses lèvres. Il cherchait à
baiser son crucifix, à faire son grand signe de croix. Il se re-
cueillait même, car parfois sa figure prenait une expresion
toute céleste.

Vers 11 heures, nous crûmes qu'il venait de rendre le dernier soupir, mais un souffle, un rien revint, si faible qu'une
glace placée devant ses lèvres ne ternissait pas. Pendant cinq
heures, la vie se trouva ainsi suspendue entre deux soupirs,
s'exhalant à de si longs intervalles que chacun d'eux nous
semblait le dernier.

Frappés d'étonnement, nous nous demandions ce que signi-
fiait une si mystérieuse agonie, lorsqu'un souvenir me revint.
Je me rappelle, dis-je aux assistants, que Guillaume m'a
dit souvent: « Je prie tous les jours saint Joseph, le patron de la
bonne mort, de recevoir la mienne.» Or, nous sommes à la
veille du mois consacré à saint Joseph, et ce soir, dans notre
chapelle, on fait l'ouverture solennelle de ce mois. Guillaume
ne mourra pas que le mois de saint Joseph ne soit commencé.
Si improbables que parussent mes paroles, puisqu'il n'était
encore qu'une heure de l'après-midi, elles devaient avoir leur
plein accomplissement.

A 4 heures, au moment précis où l'office de saint Joseph

finissait, dans l'instant même où M. l'aumônier retournait à la sacristie, saint Joseph qui veillait sur ce lit d'agonie s'approchait des lèvres de l'enfant et recevait dans ses mains virginales, comme une blanche petite colombe, aux ailes plus étincelantes qu'un lis, cette belle petite âme qui avait soupiré à son Jésus de la venir cueillir délicatement de sa main divine et de la transplanter dans le ciel auprès de lui.

C'était le dimanche 28 février 1886. Guillaume avait 15 ans et demi.

Ses traits gardèrent dans la mort la sérénité qu'ils reflétaient dans les derniers temps de sa vie.

Les petits malades de la maison voulurent tous le voir sur sa couche funèbre, et beaucoup d'entre eux, entraînés par l'élan d'un profond respect pour ses vertus, déposaient sur son angélique front un affectueux baiser.

Il repose maintenant à côté de sa mère, dans le caveau de sa famille, à Vitrolles. N'ayant pas été séparé d'elle pendant sa vie, il n'est pas non plus séparé d'elle après sa mort.

Dieu nous fasse la grâce de les rejoindre un jour au Ciel !

TABLE

—